Otto Fränkl-Lundborg – Was ist Anthroposophie?

In dieser Reihe bereits erschienen:

Otto Fränkl-Lundborg, Goethes Faust – Wegleitung

Dietrich Hagen, Der Goetheanum-Bau

Walter Holtzapfel, Erweiterung der Heilkunst –
  Rudolf Steiner und die Medizin. 2. Auflage

Erich von Houwald, Von der Philosophie zur Geist-Erkenntnis.
  Ein Hinweis auf Rudolf Steiners «Philosophie der Freiheit»

Hellmut Klimm, Heilpädagogik auf anthroposophischer Grundlage

Herbert H. Koepf, Was ist biologisch-dynamischer Landbau? 3. Auflage

Lea van der Pals, Was ist Eurythmie? 3. Auflage

Lex Bos, Was ist Dreigliederung des sozialen Organismus?

Was ist Anthroposophie?

Otto Fränkl-Lundborg

Herausgegeben von der Freien Hochschule für
Geisteswissenschaft Goetheanum

Philosophisch-Anthroposophischer
VERLAG AM GOETHEANUM
Dornach/Schweiz

6. Auflage 1987   53.–62. Tausend

Einbandentwurf Werner Kehlert

Linsenmann AG, CH-4009 Basel

ISBN 3-7235-0208-3

Inhalt

Was ist Anthroposophie?

In den verschiedensten Zusammenhängen des Kulturlebens begegnet man dem Wort «Anthroposophie», ohne daß man sich eine rechte Vorstellung bilden kann, was es bedeutet. Hier sei versucht, dies zu erklären. – Unter Anthroposophie wird eigentlich dreierlei verstanden:

1. Die von Dr. Rudolf Steiner (1861–1925) begründete exakte wissenschaftliche Methode zur Erforschung der übersinnlichen Welt.

2. Die Ergebnisse dieser Forschung, als «Geisteswissenschaft» die notwendige Ergänzung der Naturwissenschaft (z. B. als Wissenschaft von dem übersinnlichen Teil des Menschen, von den geistigen Wesen in den Reichen der Natur und denen im Kosmos); aber auch die Erweiterung der Geschichts- und anderer Wissenschaften, z. B. wissenschaftliche Antwort auf die Frage: Wer war und ist der Christus?

3. Die Anwendung von Forschungsergebnissen der Geisteswissenschaft auf das praktische Leben des einzelnen und der sozialen Gemeinschaft (z. B. die Pädagogik, Medizin, Heilpädagogik, Pharmazie, Landwirtschaft, Soziologie etc.). Hierher gehören auch alle Gebiete der Kunst.

Die Anthroposophie als Erkenntnisweg (Methode)

Heute wird alles in der Welt in Frage gestellt. Die Art der Fragestellung aber führt nur tiefer in das Chaos. Dem gegenüber wird immer dringlicher eine «Erweiterung» des Bewußtseins gefordert. – Versteht man darunter, man solle auf Erscheinungen merken, die man bisher nicht beachtet hat, so ist das noch keine Erweiterung des Bewußtseins. Das ist nur eine Vermehrung seiner Inhalte. Eine echte Erweiterung muß dem klaren und vollen Bewußtsein (also keinerlei Rauschzuständen) neue Bereiche der Welt erschließen. Jene Bereiche nämlich, zu denen die Kulturmenschheit seit langem nur mehr in unbewußten Beziehungen stand. Deren letzte Form waren die guten Instinkte, die das Leben des einzelnen wie der sozialen Gemeinschaften regelten und bestimmten.

Diese für das volle Bewußtsein zu erschließenden Bereiche sind die übersinnlichen. – Dem vorurteilslosen Betrachter zeigt sich die Welt geteilt in zwei Bereiche, die jedoch einander völlig durchdringen. Was unseren Sinnen zugänglich ist, bildet den einen Bereich; der andere ist unseren körperlichen Sinnen nicht zugänglich (wie etwa das Leben, die seelischen Vorgänge, die eigentlichen Ursachen der Naturprozesse und geschichtlichen Abläufe). Beide Bereiche zusammen bilden erst die ganze wirkliche und wirkende Welt.

Ein Verhältnis zur übersinnlichen, d.h. über die Erfahrung der körperlichen Sinne hinausgehenden Welt ist zwar so alt wie die Menschheit selber. Aber in den letzten Jahrhunderten hat sich eine Art Verengung des Bewußtseins einseitig auf die sinnlich wahrnehmbaren Vorgänge in der Natur (Physik, Chemie) konzentriert. Das hat zu den großartigen Ergebnissen der Wissenschaft von den sinnenfälligen Vorgängen und deren weltverändernder Anwendung in der Technik geführt. Daraus hat sich eine Überzeugung vom Wesen der Welt gebildet – als «bewiesenes» Denkmodell oder, noch weit mächtiger, als dumpfes Lebensgefühl: erst der theoretische, dann auch der praktische Materialismus. Der Materialismus erklärt den Teil der Welt, der den körperlichen Sinnen erreichbar ist, für die ganze und einzige Welt. Daraus zieht er die sozialen und moralischen Konsequenzen. Diese Vernachlässigung einer ungeheuren Wirklichkeit mußte zu den Katastrophen des Jahrhunderts führen und treibt auf noch schlimmere zu.

Schon als junger Student der Naturwissenschaften an einer Technischen Hochschule vor bald 100 Jahren hatte Rudolf Steiner die Geisteskraft, die geschilderte Entwicklung vorauszusehen; zu sehen, daß dem Katastrophenzwang des Materialismus nur eines abhelfen kann: die Anerkennung und Erkenntnis der *ganzen* Wirklichkeit der Welt; daher die Menschheit wieder in einen *bewußten* Zusammenhang auch mit der übersinnlichen, der geistigen Welt zu bringen. Er hatte auch die Geisteskraft, dies in umfänglichster Weise zu seiner Lebensaufgabe zu machen.

Für einen bewußten Zugang zu dem übersinnlichen Bereich der Welt konnte nicht auf noch so interessante Formen aus der Vergangenheit zurückgegriffen werden. Die intensive Entwicklung der modernen Naturwissenschaft hat auch eine Schulung für das wissenschaftliche Bewußtsein bedeutet, eine Erziehung zur Exaktheit und Objektivität. Nur daran konnte und mußte angeknüpft werden, denn nur als Wissenschaft ist die Beziehung zum Übersinnlichen zeitgeistgemäß.

Wenn jemand körperliche Kräfte, die sonst brachliegen, verwenden oder gar steigern möchte — etwa zu sportlichen Zwecken —, dann übt er sie (englisch: training = Übung). — Im Menschen sind auch geistige Kräfte vorhanden, die er sonst brachliegen läßt. Auch diese kann er durch sachgemäßes Üben wecken und steigern. Nur haben diese Übungen gar nichts mit dem Körper zu tun, auch nicht mit besonderer Führung des Atems, irgendwelcher Askese oder dergleichen. Es sind rein geistig-seelisch-moralische Übungen. Ihre Technik sind *Konzentration* (das Bewußtsein ausschließlich auf einen frei gewählten, als förderlich erprobten Inhalt richten und ihn festhalten), *Meditation* (in diesem Inhalt verharren, in ihm als in einer Situation leben, ja nicht etwa intellektuell grübeln) und eine gewisse innere *Führung des Lebens*. Nur für die Anthroposophie, für keine andere Wissenschaft ist moralisches Verhalten ein Teil ihrer Methode. Geduld und Ausdauer sind Grunderfordernisse.

Diese Übungen können dazu führen, daß das vollwache Bewußtsein sich von der sonstigen Bindung an den Körper frei macht und in gesteigerter Kraft und Klarheit Inhalte der geistigen

Welt wahrnimmt. Aber schon auf dem Wege dahin beginnt das Bewußtsein sein Verhältnis zur Welt zu erweitern und zu vertiefen.

Jede Wissenschaft kommt durch zwei Faktoren zustande: durch die Wahrnehmung ihres Gegenstandes und durch die Entwicklung der richtigen Gedanken (Begriffe) darüber. So arbeitet auch die Wissenschaft vom Übersinnlichen, die Geisteswissenschaft. In jeder Wissenschaft werden die Spitzenleistungen von wenigen, oft nur von einzelnen vollbracht. Viele andere arbeiten sie aus. So auch in der Geisteswissenschaft.

Die gemeinten Übungen ziehen den «Geistesschüler» nicht aus dem praktischen Leben und seinen sozialen Pflichten, im Gegenteil, sie machen ihn dafür tüchtiger und tauglicher.

Hier sei daran erinnert: ob es etwas gibt oder nicht, ist eine reine Tatsachenfrage. Theoretische Erörterungen darüber sind sinnlos. Und Tatsachen kann man nicht «beweisen», sondern nur wahrnehmen. Das Wie der Wahrnehmung bestimmt die Tatsache selber.

Zum Abschluß dieses Abschnittes sei angeführt, was Rudolf Steiner einmal über die von ihm begründete Geisteswissenschaft geäußert hat: «Unter Anthroposophie verstehe ich eine wissenschaftliche Erforschung der geistigen Welt, welche die Einseitigkeiten einer bloßen Naturerkenntnis ebenso wie diejenigen der gewöhnlichen Mystik durchschaut, und die, bevor sie den Versuch macht, in die übersinnliche Welt einzudringen, in der erkennenden Seele erst die im gewöhnlichen Bewußtsein und in der gewöhnlichen Wissenschaft noch nicht tätigen Kräfte entwickelt, welche ein solches Eindringen ermöglichen.» – Beigefügt sei: Und damit die Möglichkeit, aus der Welt von Wirkungen, die uns umgibt, zu der Welt der Ursachen dieser Wirkungen aufzusteigen.

Vom Wesen des Menschen

Das uralte Weisheitswort «Erkenne dich selbst!» rief einst den Menschen von außen auf, sein eigenes Wesen zu ergründen. Jetzt treibt ihn sein Inneres dazu. Das gehört zum modernen Menschen. Wenn er es sich nicht eingesteht, quälen ihn dauernd Unruhe und Lebensangst, denen er durch kein Betäubungsmittel entrinnt.

Versucht er aber unbefangen, sein eigenes Wesen zu erkennen, so zeigen sich vier Faktoren, deren Zusammenwirken die Erscheinung Mensch hervorbringt.

Da ist vor allem der eigene Körper, materieller Stoff wie alles in der Sinneswelt. Der Körper ist der Träger aller stofflichen (physikalischen und chemischen) Prozesse in uns. Aber würde nur der Körper den Menschen ausmachen, so wäre er leblos wie das Mineralische.

Also ist noch ein zweiter Faktor wirksam, der Träger des Lebens im Menschen, des Lebens und seiner Tätigkeiten (hauptsächlich Ernährung, Wachstum, Fortpflanzung). Das Leben kann man mit den Sinnen nicht wahrnehmen. Es ist von übersinnlicher Beschaffenheit. – Aber würde nur ein belebter Körper den Menschen ausmachen, dann wäre er eine Pflanze.

Also wirkt noch ein dritter Faktor mit, der Träger des Bewußtseins und seiner Erlebnisse. Auf Grund der Eindrücke aus der Welt hat der Mensch «innere» Erlebnisse. Der Träger des Bewußtseins, Seele genannt, geht erst recht hinaus über die Wahrnehmungsfähigkeit der Sinne. – Aber würde nur der belebte, empfindsame Körper den Menschen ausmachen, dann wäre er ein Tier.

Ein vierter Faktor erst erhebt den Menschen über die drei Reiche der Natur, die er alle auch in sich birgt. Er ist nämlich fähig, die Welt zu erkennen, vor allem als ein zusammenhängendes, sinnvolles Ganzes; und er kann in diese Welt frei schöpferisch eingreifen. Das sind Äußerungen seiner Individualität, der einmaligen, zu denen ihn der vierte Faktor befähigt: der ihm innewohnende Geist.

Von den vier Faktoren, deren Zusammenwirken den Menschen ergibt, sind demnach drei übersinnlicher Natur. Nur der stoffliche

Körper ist sinnlich wahrnehmbar, und nur von ihm haben wir in Anatomie und Physiologie eine großartige, noch gar nicht abgeschlossene Wissenschaft. Von den drei anderen Faktoren oder Gliedern des menschlichen Wesens gibt es — da sie unseren naturgegebenen Wahrnehmungsorganen, den Sinnen, nicht zugänglich sind — nur Theorien und Hypothesen, die schnell wechseln.

Für die anthroposophische Forschung sind auch die drei übersinnlichen Glieder des menschlichen Wesens unmittelbar anzuschauen und daher Gegenstand gesicherter Wissenschaft.

Die körperliche Organisation, mit der uns die Natur, die Physis, ausstattet, der *physische Leib*, zeigt sich durchwirkt von einer zweiten Organisation, die aus Kräften besteht; aus jenen Kräften, deren Gegenwart in dem physischen Leib das Leben bewirkt, mit einem Fachausdruck *ätherische* Kräfte genannt. Da Körper oder Leib etwas Formgebendes, Zusammenhaltendes bedeutet, so darf auch diese zweite, übersinnliche, das Leben gewährende Organisation ein Leib genannt werden: Lebensleib, Bildekräfteleib, *Ätherleib*. Bildekräfteleib, weil er als das Formgebende, Durchorganisierende, Auferbauende für die Stofflichkeit des physischen Leibes wirkt.

Der Träger des empfindenden Bewußtseins ist eine dritte leibliche Organisation, der Seelenleib oder *Astralleib*. So hat ihn eine ältere Zeit genannt, in der die besonderen Kräfte, aus denen er besteht, als aus dem Kosmos kommend erlebt wurden (Astralleib = Sternenleib).

Als Kern des menschlichen Wesens, als sozusagen der Mensch im Menschen, als Träger des Geistigen, des verständigen, nach immer mehr Bewußtheit strebenden Individuellen erscheint, der übersinnlichen Anschauung genau beschreibbar, das *Ich*.

Von den Reichen der Natur ist demnach zu sagen, daß die Tiere Astralleib, Ätherleib und physischen Leib haben; die Pflanzen Ätherleib und physischen Leib; alles Mineralische nur einen physischen Leib. — Und wir müssen uns klarmachen, daß wir mit unseren Sinneswerkzeugen überhaupt nur das Mineralische in der Welt wahrnehmen. An den Pflanzen ihr mineralisches Gerüst, so auch an den Tieren und an uns Menschen.

Diese hier nur angedeutete, aber bis in sehr viele Einzelheiten ausgebaute Wissenschaft vom eigentlichen Wesen des Menschen ermöglicht die Lösung vieler Probleme, sowohl erkenntnismäßiger wie praktischer Art.

So weiß die herrschende wissenschaftliche Lehre immer mehr von erstaunlichen Wirkungen des Schlafes, aber sie kann nicht sagen, was der Schlaf ist. Die Geisteswissenschaft sieht, daß im Schlafe Astralleib und Ich sich aus der im Wachen gegebenen Verbindung mit dem ätherischen und physischen Leib herausheben, um im Erwachen wieder in diese Verbindung zurückzukehren. Ich und Astralleib gehen in die Welt ihrer Herkunft, in die übersinnliche Welt ein. Daraus erklären sich vor allem das Erlöschen des Bewußtseins im Schlaf und die Unmöglichkeit, die aufrechte Haltung beizubehalten. Diese aufrechte Haltung kommt als Wirkung des Ich nur dem Menschen zu, ebenso wie das Sprechen und jenes Denken, das über ein bloßes Reagieren auf augenblickliche Eindrücke hinausgeht. – Die Einrichtung des Schlafes ist so weisheitsvoll als notwendig. Schon die gewöhnliche Beobachtung zeigt, daß das Bewußtsein (Astralleib) die Lebensvorgänge (Ätherleib) verbraucht: wir ermüden durch innere Anstrengungen ebenso wie durch solche des physischen Leibes. Ich und Astralleib erschlaffen an der physischen Welt, die nicht die ihre ist. Sie gehen im Schlaf in das Reich ihrer Herkunft, um sich dort zu regenerieren. Ungestört vollzieht dann der Ätherleib das notwendig gewordene Ausbessern des abgenützten physischen Leibes. Alle vier Wesensglieder erfrischen sich durch den Schlaf. – Beim Traum handelt es sich um noch kompliziertere Vorgänge zwischen den Wesensgliedern.

Das Kind kommt leiblich, seelisch und geistig unfertig zur Welt. Die Wesensglieder und ihre Untergliederungen entwickeln sich in gesetzmäßiger Weise zu ihrem Reifezustand. Was in der Entwicklung des Kindes teils deutlich, teils weniger deutlich, teils verborgen zum Ausdruck kommt, hat seine Ursachen in übersinnlichen Vorgängen. So zeigt sich der Abschluß in der Entwicklung des Ätherleibes im Hervorbringen der zweiten Zähne, beim Astralleib in der Geschlechtsreife etc.

Die Kenntnis der übersinnlichen Entwicklungsvorgänge durch anthroposophische Forschung ermöglicht, an das Kind im vorschulpflichtigen Alter wie in der Schule zur rechten Zeit das heranzubringen, was die gesunde Entwicklung fördert, und das fernzuhalten, was sie hemmt oder schädigt.

Anthroposophische Menschenkunde ist die Grundlage der Pädagogik, wie sie in den Rudolf Steiner-Schulen auf allen Kontinenten praktiziert wird. Die erste dieser Schulen wurde 1919 als Freie Waldorfschule in Stuttgart gegründet.

Die Unkenntnis dieser an den Wirklichkeiten abgelesenen Menschenkunde, statt dessen die Anwendung intellektueller Ausgedachtheiten führt immer mehr zu verheerenden Maßnahmen auf dem zukunftsentscheidenden Gebiete der Pädagogik.

Die drei übersinnlichen Wesensglieder betätigen sich alle am und im physischen Leib. Ihr harmonisches Zusammenwirken nennen wir Gesundheit. Krankheit besteht in Störungen dieses Zusammenwirkens, namentlich des Astralleibes mit dem Ätherleib, an gewissen Stellen oder in gewissen Zonen des physischen Leibes. Die anthroposophische Medizin kennt die Zeichen für diese Störungen und auch die Mittel, sie zu beheben. Heilen heißt, die Störungen im Zusammenspiel der Wesensglieder wieder in Ordnung bringen. Dies geschieht vor allem durch Heilmittel, die aus reinen Natursubstanzen in Verfahren hergestellt werden, welche die heilenden Eigenschaften der Ausgangsstoffe erhalten oder sogar steigern. Aber auch andere therapeutische Einwirkungen werden angewendet, so die Heileurythmie (über Eurythmie später), Therapie durch künstlerische Betätigung und vieles andere (nicht aber «Besprechen», Gesundbeten oder dgl.).

Die Zahl der seelenpflege-bedürftigen Kinder nimmt auffallend zu. Unter ihnen sind viele, die nie in vollem Umfange zum rechten Zusammenwirken ihrer Wesensglieder kommen können, aber auch ihnen kann aus den Einsichten der Anthroposophie in oft überraschendem Ausmaß geholfen werden. Weltweit bekannt sind die Erfolge der anthroposophischen Heilpädagogik. Behörden und Institutionen weisen darum ihre «Fälle» bevorzugt in Heime ein, in denen nach den Angaben von Rudolf Steiner gearbeitet wird.

Die Kenntnis des Wirkens der Wesensglieder ist von Bedeutung auch für die richtige Ernährung. Diese setzt eine nicht nur für den Menschen, sondern auch für den Boden selber gesunde und gesundende Landwirtschaft voraus (weithin bekannt als biodynamische Landwirtschaftsweise).

Was hier über die Wesensglieder des Menschen angeführt ist, gibt nur Beispiele, wenn auch wichtige, von der Bedeutung ihrer Kenntnis.

Die großen Rätsel des Daseins

Die großen Rätsel des menschlichen Daseins, die uns zutiefst bewegen, liegen nicht im Bereich der Sinneswelt und der auf sie gerichteten Wissenschaft. Dies hat sich schon an der Frage nach dem Wesen des Menschen gezeigt. Und wenn wir sie so weit gelöst haben, wie ausgeführt, erheben sich drei andere, untrennbar mit ihr verbunden: Woher kommen wir vor unserem Eintritt in das irdische Leben? Wohin gehen wir nach dem Tode? Was verursacht das Schicksal, das jeder zu erleben und zu erleiden hat, das den Inhalt des Lebens zwischen Geburt und Tod ausmacht?

Die Kenntnis von den vier Wesensgliedern gestattet, auf diese Fragen in großen Zügen zu antworten. Auch da sind zahlreiche Einzelheiten erforscht und können in der anthroposophischen Literatur gefunden werden.

Im *Tode* lösen sich nicht nur wie im Schlaf Ich und Astralleib vom physischen Leibe, sondern es geht auch der Ätherleib mit ihnen. Zurück bleibt der von den andern Wesensgliedern aufgegebene Leichnam. An und in ihm walten nunmehr ungehindert bloß die Kräfte der Natur und zersetzen ihn. Aufbauen können sie ihn nicht. – Was geschieht mit den drei anderen Wesensgliedern?

Der Tod hat zwei Seiten. Das Bild auf Seiten der Sinneswelt ist bekannt. Von der geistigen Seite gesehen ist der Tod für den Verstorbenen ein gewaltiges, großartiges Erlebnis, auf das er später immer wieder zurückblickt.

Dann geht ihm auf ein umfassendes, bewegtes Bild, in dem er ein Panorama seines eben vollendeten Erdenlebens erkennt. Nach zwei bis drei Tagen verschwimmt das Lebenspanorama ins große und verweht – der Ätherleib löst sich auf.

Diese Bilderfahrung ist bekannt. Wiederholt haben sie Leute geschildert, die schockartig in Lebensgefahr gerieten und doch noch gerettet wurden; die besten Schilderungen haben bekannte Naturforscher gegeben. – Keinen von den Eindrücken, die wir im Wachen aufnahmen, haben wir vergessen.

Das Panorama ist der Anblick des Ätherleibes, der sich dem Astralleib und Ich darbietet. Der Ätherleib hat schon im irdischen

Leben viel mit der Funktion unseres Gedächtnisses zu tun. Die Fähigkeit, sich an etwas zu erinnern oder nicht, hängt bekanntlich stark mit Frische oder Müdigkeit zusammen; und das sind Zustände des Lebensleibes, des Ätherleibes.

Im Leben nach dem Tode folgt nun eine Epoche, in der alle Wünsche und Begierden abgelegt werden müssen, die nur im Irdischen entstehen und befriedigt werden können. Solche, die aus der Natur des physischen Leibes kommen, vergehen mit dem Tod, z. B. Hunger und Durst. Aber der Astralleib hat sich viele Begehrungen eingeprägt über das Maß des physisch Bedingten hinaus. Die hat er noch in sich: grobe, auf derb sinnliche Eindrücke gerichtete, feinere und solche, die sich im Erdenleben als geradezu geistige maskiert haben. Für sie alle gibt es in der Seelenwelt weder Organe noch Gegenstände.

Der Astralleib muß entbehren, was er da noch begehrt, bis er sich die Begierden abgewöhnt hat. Heftiges Entbehren wird als «brennend» empfunden. So ist die Vorstellung vom «Fegefeuer» entstanden. Dieses Abgewöhnen geht stufenweise vor sich und ist zeitlich beschränkt. Es endet vor dem nun zu schildernden anderen Haupterlebnis in der Seelenwelt.

Bei der Schilderung des Schlafes wurde erwähnt, daß Ich und Astralleib da besondere Erlebnisse haben. Zu ihnen gehört, daß nach dem Einschlafen der Astralleib mit dem Ich den letzten Wachzustand gleichsam zurückwandert, als ob die Zeit zurückfließen würde. Auf diesem innerlichen Rückweg werden jene Wesensglieder dazu angehalten, über das im Wachen Getane, Gesagte, Gedachte ein objektiv richtiges Urteil zu bilden. Im Wachen urteilen wir sehr subjektiv, am meisten über uns selber. Zu diesem moralischen Erlebnis verhelfen dem Schlafenden Wesen, die im Range über dem Menschen stehen, geistige Wesen, die sich nie physisch zu verleiblichen brauchen, um in der Welt zu wirken.

Einen gleichen Rückweg durch die Zeit seines verflossenen Erdenlebens tritt der Tote in der Seelenwelt an. Nicht, was er seelisch erlebt hat, macht er durch, sondern was er in anderen empfindenden Wesen ausgewirkt hat, in Menschen vorzüglich und in Tieren. Ein aus Emotion zugefügtes Leid kann im Augenblick wohl befriedigen; im nachtodlichen Leben wird das Zugefügte als eigenes Erlebnis intensiv erlitten. Aber auch eine Wohltat, ein Opfer, andere gute Handlungen wirken sich entsprechend aus.

So wie in dem Lebensbild nach dem Tode der Ätherleib die Summe der Eindrücke gezeigt hat, die wir im Wachen aufgenommen haben, so erfährt jetzt der Astralleib und mit ihm das Ich die Summe der unbewußten moralischen Schlaferlebnisse in voller Wachheit.

Der Tote erkennt, was er auf der Erdenwelt in Unordnung gebracht hat und sehnt sich danach, es wieder ordnen zu können. Er möchte wieder auf die Erde kommen, um solche Absichten zu verwirklichen.

Der Aufenthalt in der Seelenwelt dauert etwa ein Drittel so lang wie das zurückgelegte Erdenleben, weil wir normalerweise ein Drittel des Lebens im Schlafe verbringen. Ist der Tote im Rückerleben bei seiner Geburt angelangt, so hat sich der Astralleib nach und nach aufgelöst.

Die drei Leiber des Menschen sind damit den Weltbezirken rückerstattet, denen sie entflohen waren. – Erhalten bleibt das seit seiner Erschaffung Ewige, das Ich. Ihm erschließt sich nun die eigentliche geistige Welt. Die Welt der Ursachen, zu deren Wirkungen auch unsere Sinneswelt gehört, die aus sich allein nicht zu verstehen ist. Aber in der geistigen Welt findet der sogenannte Tote Wesenheiten in immer höheren Ordnungen der Geistesmächtigkeit und schöpferischen Tätigkeit. – Und er findet die Menschen-Iche, die zur Zeit nicht physisch verkörpert sind. Alle Toten findet er da, zu denen er im Leben eine Beziehung hatte. Der Ausdruck «Wiedersehen nach dem Tode» ist nur eine schwächliche Andeutung dieser Wiederbegegnungserlebnisse. Nicht mehr auf Vermittlung durch Leibesglieder angewiesen, finden unmittelbare geistige Begegnungen und Beziehungen statt.

In dieser Welt schöpferischer Taten im Auftrage Gottes darf das Ich teilnehmen an der geistigen Planung eines Leibes. Eines Leibes, wie er zu ihm passen würde gemäß der Entwicklung, die das Ich im letzten Erdenleben durchgemacht hat. Denn am Ende eines Lebens sind wir ein anderer geworden, als da wir es angetreten haben. An einer unendlichen Fülle kosmischer Weisheit nimmt das Ich teil.

Es kommt der Zustand, in dem es den Menschengeist unwiderstehlich wieder zur Erde zieht. Man kann bildlich von einem

Aufstieg im Leben nach dem Tode sprechen und dann von einem Abstieg. Auf diesem «Abstieg» fügt sich, daß das Ich mit einem neuen, ihm angemessenen Astralleib umhüllt wird. Bis dahin sind die nachtodlichen Erlebnisse bewußt, wenn es auch rhythmische Abwechslungen gibt: einmal mehr die Hingabe an die geistige Umgebung, dann wieder mehr das verarbeitende Leben nach innen. Der neue Astralleib strebt nach Außenerlebnissen, wie sie im Geiste nicht möglich sind – das Bewußtsein für die übersinnliche Welt erlischt und damit zunächst das Bewußtsein überhaupt. Es erwacht noch einmal zu einer Vorschau, wenn der neue Ätherleib als weitere Hülle dazukommt. Der Mensch sieht hin auf die Hindernisse, die er seiner Entwicklung in den Weg gelegt hat und die zu überwinden zu seinen künftigen Aufgaben gehören wird. Die Vorschau erlischt.

Göttlich beauftragte Wesen tragen den Menschen zu den Eltern hin, die ihm zu einem physischen Leibe verhelfen. Durch die Geburt geht der Mensch in ein neues Erdenleben ein: Wiederverkörperung (Reinkarnation) des Menschengeistes (aber nicht «Seelenwanderung»).

Der Mensch wird als Kind wiedergeboren, um sich in ganz neue Verhältnisse einleben zu können. Die Fülle der kosmischen Einsichten, an denen er in der geistigen Welt teilhaben durfte, zeigt sich nicht in seinem irdischen Bewußtsein, sondern in der unendlichen Weisheit im Aufbau seiner Leiblichkeit.

Mit der Antwort auf die Frage: wohin nach dem Tode? ist auch die auf die Frage gegeben: woher vor der Geburt? – Die Reihe der Wiederverkörperungen hat einmal begonnen und wird im Weltengange einst von anderen Formen der Existenz abgelöst werden.

Wir tragen als tiefe Sehnsucht in uns, den Verlauf des Schicksals als gerecht ansehen zu können. Dieser Sehnsucht nach Weltgerechtigkeit scheint aber die Beobachtung vieler Geschicke zu widersprechen: Widerfährt nicht manchem Guten Schweres, ja Unerträgliches? Geht es nicht manchem Bösen ausgezeichnet? Mindestens hat er doch Erfolg!

Aber so wenig *ein* Erdenleben aus einem einzigen seiner Tage beurteilt und verstanden werden könnte, so wenig kann die Reihe der Ich-Verkörperungen aus einer einzigen heraus begriffen werden.

Nicht zum ersten Mal kommt ein Ich auf die Erde. Umhüllt von anderen Wesensgliedern hat es schon oft erlebt und erlitten, getan und angetan, hat Gutes erstrebt, aber auch Fehler und Böses begangen und namentlich vieles unterlassen, was es hätte tun sollen.

Nun können wir nichts tun oder unterlassen, was nicht Folgen nach sich zieht. Das gibt es nicht. Aus dem einen Leben, das wir jetzt führen, ist uns das wohlbekannt. Wir wundern uns nicht, daß das Gestern im Heute, das Heute im Morgen nachwirkt, trotz der Schlafespause, in der wir buchstäblich nicht auf der Erde sind. Manche Folgen stellen sich erst nach Jahren ein, bisweilen kaum mehr erwartet.

Jedoch nicht alle sich ergebenden Folgen können schon in diesem Leben eintreten, z. B. wenn Schwierigkeiten zwischen Menschen durch räumliche Trennung nicht ausgetragen werden. Vor allem aber nicht die Folgen, die sich aus der Gesamtheit eines Erdenlebens ergeben.

In deren Weiterwirken taucht der Mensch ein, dessen Ich wieder zur Erde gelangt. Die Auswirkungen aller seiner Taten und Unterlassungen sind das Material für sein Schicksal. Daß sie ihn unausweichlich in der richtigen Weise erreichen, ist der göttliche, der weltgerechte Anteil daran jenseits seines Bewußtseins.

Göttliches Walten leitet uns in einer späteren Inkarnation in die unserem Schicksal gemäßen Situationen. Wie wir uns dann in diesen Situationen benehmen und entscheiden, das steht in unserer Freiheit. Wir können altes Schicksal ausgleichen, wir können auf alte Schwierigkeiten neue häufen, die dann in unsere Zukunft weiterwirken.

Selbstverständlich flechten sich in das Leben nicht nur Fügungen aus der Vergangenheit, sondern auch Neubeginne, die dereinst Schicksal bilden werden.

Das göttlich verwaltete, aber vom Menschen selber sich bereitete Schicksal, das ist die wahre Gestalt der ersehnten Weltgerechtigkeit. — Damit ist auch die Frage beantwortet, wer das Schicksal über uns Menschen verhängt.

(Man hat sich gewöhnt, das so angeschaute Schicksal mit dem alten orientalischen Ausdruck «Karma» zu bezeichnen.)

Der Christus und die Menschheit –
Das Problem des Bösen

Nicht *glauben*, das heißt, auf Autorität hin annehmen, sondern *wissen*, wie man wissenschaftlich weiß, wollen Unzählige: wer war und ist der Christus? Und wie als Gegenfrage dazu: woher kommt das Böse in die Welt?

Die Frage nach dem Christus wird meist so gestellt: Was hat sich im Beginne unserer Zeitrechnung in Palästina abgespielt? – Eine sichere Antwort darauf gibt es im Sinne heutiger Geschichtswissenschaft nicht. Diese begründet sich auf Dokumente, und solche fehlen ganz. Denn über das angeblich Widersprüchliche der Evangelien ist unendlich viel gesagt und geschrieben worden, abgesehen davon, daß nur einer der vier Evangelisten Zeitgenosse war und gerade diesem, dem Johannes, als historischer Quelle nicht recht getraut wird.

Nun gibt es im Übersinnlichen eine Art Weltgedächtnis. Betrachtet man die ganze Welt als ein Lebewesen (Rhythmenforschung etc.), so ist leicht vorstellbar, daß dieses Wesen seine Erlebnisse in der Erinnerung bewahrt. Davon haben schon vor vielen Jahrtausenden die Weisen der alten Inder gewußt, dieses Weltgedächtnis als «Akasha-Chronik» bezeichnet und das geistige Vordringen dorthin als «Lesen in der Akasha-Chronik». Das gehört zu den höchsten Leistungen der Geistesforschung.

Wir haben gezeigt, daß Anthroposophie eine beschreibende Wissenschaft ist, die sich zur geistigen Welt so verhält wie die Naturwissenschaft zur Sinneswelt. Die folgenden, eng zusammengefaßten Ausführungen sind also weder Theologie noch Spekulation, welche Meinung als Folge einer jahrhundertelangen Entwicklung in den meisten Menschen unwillkürlich und unkontrolliert auftaucht, wenn vom Thema Christus gehandelt wird. Deswegen haben wir die Charakteristik der Anthroposophie wiederholt.

Aus dem Weltgedächtnis kann die ganze Evolution unseres Kosmos abgelesen werden, insbesondere auch, wie nach langer kosmischer Vorgeschichte die Entwicklung der Erde anhebt. – Wie erwähnt, hat Gott sich Helferwesen geschaffen, um seine Pläne auszuführen. *Die Alten* haben sie Götter genannt, *das Christentum* nennt sie Hierarchien oder Ordnungen der Engel, in anderen Kulturkreisen werden sie wieder anders genannt – die Namen sind nicht wichtig, sondern die Tatsachen. – Ursprünglich weilten die Menschen wie im Schoße der Gottheit («im Paradies»). Allmählich sollten sie auf die Erde niedersteigen, geleitet von hierarchischen Wesen, die sie da belehren und erziehen sollten.

Ein Teil dieser Wesen hatte sich den Weisungen der höheren Mächte entzogen, war abgefallen und begann im Weltengange eigene Absichten zu verfolgen. Ihr Führer wird Luzifer genannt. Diese luziferischen Wesen wollten sich des Menschen bemächtigen. Sie gaben dem Astralleib eine gewisse Selbständigkeit, die er vorher nicht hatte, die Freiheit, den Inhalt seines Bewußtseins teilweise selber zu bestimmen und von sich aus, nicht unter dem Einfluß der Götter, zu erkennen («Essen vom Baum der Erkenntnis»). Aber im Astralleib wogen die Wünsche, Triebe und Leidenschaften. Seit damals bedroht der Astralleib ständig das Ich, das ihm übergeordnet sein soll, mit seinen mächtigen Einflüssen. Diesen Kampf kann jeder aus eigener Erfahrung kennen.

Die Freiheit zur Erkenntnis ist auch die Freiheit zum Irrtum. Das unrichtige Verhalten aus Irrtum hat zur Krankheit geführt. Die Begierden des Astralleibes rafften mehr Materie in den physischen Leib als geplant war, Elemente der Zerstörung und Verwesung (erste Etappe des Sündenfalls). – Aber Luzifers eigentliches Ziel ist, dem Menschen das Wiederkommen auf die Erde zu verleiden und ihn als unvollkommenes Wesen in seiner geistigen Machtsphäre zu behalten.

Noch früher hatten andere Wesen sich von der göttlichen Weltenordnung losgesagt unter der Führung von Satan oder Ahriman (wie ihn die alten Perser nannten). Die luziferischen Wesen haben den ahrimanischen Wesen den Weg zum Menschen bereitet. Diese machten sich an den Ätherleib, der früher als Wahrnehmungsorgan für die geistigen Hintergründe der Sinneswelt gewirkt hat. Die ahrimanischen Wesen verblendeten den Menschen, sich ein unwahres Bild von der Welt zu machen: Die Erdenstofflichkeit soll er als einzige Wirklichkeit, das Leben im physischen Leib als einziges Dasein ansehen. Unsicher vor dem verfälschten Weltbild wurde der Mensch. So überkam ihn die Furcht. – Vorher erlebte der Mensch den Wechsel zwischen Leben auf Erden und Leben im Geiste nur als verschiedene Phasen eines einheitlichen, ununterbrochenen Daseins. Jetzt wurde das Aufhören des materieüberladenen physischen Leibes zur einschneidenden Unterbrechung des Daseins überhaupt, zum Aufhören überhaupt. Der *Tod* kam über den Menschen und die Furcht vor dem Tode (zweite Etappe des Sündenfalls).

Mit dieser Furcht wurde der Tod zum Instrument Ahrimans. Denn sein Ziel bleibt, den Menschen an die materielle Welt zu ketten, ihn gar nicht mehr in die geistige einzulassen. Wer beherrscht von Ahriman stirbt, erlebt nicht das oben Geschilderte, sondern sozusagen verdunkelte Einzelhaft in seinen materiellen Egoismen. Und das wirkt in das nächste Erdenleben hinüber.

Die neueren und neuesten kulturgeschichtlichen Forschungen anerkennen und schildern immer mehr eine Einrichtung, die es bei allen alten Völkern gegeben und deren ganzes Leben entscheidend beeinflußt hat. Die Griechen nannten sie die Mysterien. Manches davon ist erforscht. Aber die Anthroposophie kennt die Vorgänge in den verschiedenen Mysterien und ihren Wirklichkeitsgehalt bis ins einzelne.

Sie waren Einrichtungen, welche die Folgen des Falles in die Materie der beiden Etappen des Sündenfalles zu überwinden trachteten. Man kann sie geheiligte Stätten nennen, an denen Menschen sich bewußt mit göttlichen Wesen begegnen durften.

Dieses Ziel zu erreichen, bedurfte es langer hingebungs- und opfervoller Vorbereitungen der Seele und des Leibes. Abgesondert von der anderen Menschheit, wurde der Mysterienschüler stufenweise dazu geführt, Astralleib und Ätherleib weitgehend von den Einflüssen Luzifers und Ahrimans zu reinigen. War dies bis zu einem hohen Grade erreicht, so konnte zur «Einweihung» (Initiation) geschritten werden. Aus dem Leib, der in einen totenähnlichen Zustand geriet, lenkten die Leiter der Mysterien die Seele des Schülers in die geistige Welt. Mit ihren dort erlangten Einsichten und Erkenntnissen wurde die Seele in den Leib zurückgerufen. Der Schüler war zum Eingeweihten geworden.

In den Mysterienstätten nahmen die Eingeweihten Weisungen und Ratschläge göttlicher Wesen entgegen; für die Zukunft der Menschheit wurde dort gewirkt. Aus dem Erfahrungsbereich der

Eingeweihten sind die großartigen Mythologien der alten Völker hervorgegangen, entstanden die sogenannten heidnischen Volks-religionen, die Künste und die Wissenschaften. Auch die Grund-lagen für die Handwerke und für Ackerbau und Viehzucht sind Göttergaben aus den Mysterientempeln.

Über den inneren Vorgängen waltete strenges Geheimnis, auf dessen Verrat immer und überall der Tod stand. – Die alten Mysterien waren auch Menschenwerk. Menschenwerk ist vergäng-lich. Nach Glanz und Macht ihrer Hochblüte gerieten diese Ein-richtungen in Verfall. Das Ziel wurde nicht mehr erreicht oder es drangen anstelle göttlicher Wesenheiten unerkannt dämonische ein. – Gegen den Beginn unserer Zeitrechnung hin drohte der Menschheit die völlige Abtrennung von der hohen Welt ihres Ursprunges, der Anheimfall an die Mächte des Bösen. So war, wie oben gesagt, der Tod zu Ahrimans entscheidendem Werkzeug geworden, um den Menschen und damit die Erdenschöpfung zu unterjochen.

Die himmlischen Wesen sterben nicht und kennen daher den Tod nicht. Ein gar mächtiges der ihren hätte durch den Menschen-tod gehen müssen, um ihn der Gewalt Ahrimans zu entwinden. Dazu hat sich aus vollkommener Freiheit und Liebe jenes höchste Gotteswesen entschlossen, von dem die Erschaffung des Men-schenwesens ausgegangen ist.

In den Mysterien war es das letzte und höchste Erreichnis, in den Höhen des geistigen Kosmos zu diesem Gotteswesen zu gelangen und seine Impulse zu empfangen. – In der Sprache der biblischen Prophezeiungen wurde dieses Wesen «Der Gesalbte» (Maschiach, Messias) genannt, auf griechisch «Ho Christos», der Christus. Auch die großen Mysterien der anderen Völker sagten voraus, daß dieser Gott nicht immer in den Höhen des geistigen Kosmos (bildlich «in der Sonne») bleiben, sondern daß er zur Erde niedersteigen werde. Und nur in einem Menschen könne Gott auf der Erde leben, denn der Mensch ist das einzige geistige Geschöpf auf ihr.

Im Anfange unserer Zeitrechnung lebte in Palästina, mit dem höchst entwickelten Ich begabt, der weiseste und liebevollste aller Menschen, Jesus von Nazareth. Im 30. Jahre seines Lebens machte in der Jordantaufe sein menschliches Ich Platz für das göttliche Christus-Ich. Für drei Jahre lebt und wandelt, lehrt und leidet Gott in Menschengestalt auf Erden – ein nie und nimmer auszuschöpfendes Geheimnis.

Die Schreiber der vier Evangelien schauen als Eingeweihte von vier Mysterien-Strömungen auf das Christus-Ereignis hin, um es als die höchste Verwirklichung ihres Geistesweges und Geisteszieles zu schildern. Sie widersprechen einander ebensowenig, wie die Aufnahmen eines Menschen, eines Tieres, einer Pflanze, eines Kristalles von vier Seiten her in ihrer Verschiedenheit einander widersprechen. Im Gegenteil, sie ergänzen einander.

Was hat den Haß gegen den Christus Jesus entzündet? Was hat zum Kreuzestod geführt?

Damals vollzog sich der Wiederaufbau der eingefallenen Brücke zwischen Menschheit und Gottheit, die fortan geltende Erneuerung der Einweihung, aber nicht in der alten Weise. Wohl gebrauchte der Christus Jesus noch einmal die alte Mysterienform, erfüllte sie aber mit neuem Inhalt.

Dies vollzog sich in der Einweihung des Lazarus – Lazarus verfällt in einen solchen Zustand, daß seine Umgebung ihn für tot ansehen muß. Er wird ins Grab gelegt. Nach der entsprechenden Frist – nicht früher – kommt der Christus Jesus und ruft Lazarus aus dem Grabe mit jenem Zurückrufen der Seele in den Leib, das oben erwähnt wurde. Seit damals hört die Einweihung auf, ein äußeres Ritual zu sein, und wird zum rein innerlichen Geschehen.

In den hohen Priesterkreisen Jerusalems verstand man sofort, was im nahen Bethanien vor sich gegangen war. Mysterienverrat, begangen durch eine öffentlich vollzogene Einweihung. Auf Mysterienverrat stand immer der Tod.

Da setzt die Verfolgung ein, dann Verrat, Gefangennahme, Urteil, die schimpfliche Kreuzigung, der Tod. Aber nicht der symbolische Mysterientod. Durch den wirklichen Menschentod ist Gott gegangen.

Und durch den Tod in das von Ahriman verdunkelte Reich der Toten, um ihnen sein Licht zu bringen. Seit damals kann jeder dieses Licht auf Erden entzünden und über den Tod hinaus mitnehmen. Aber auf Erden muß es geschehen.

Denn mit der Erde hat sich der Christus verbunden, in deren Geistesteil er auch heute geschaut und gehört werden kann. – Die Auferstehung fand in jenem Leibe statt, wie ihn der Mensch vor dem Sündenfall durch Luzifer und Ahriman hatte, nicht in Fleisch und Knochen also, sondern in einem Gefüge von physischen Kräften.

So kann man aus den Ergebnissen der Geistesforschung Rudolf Steiners wissenschaftsgemäß wissen, wer der Christus war und ist. Und die Antwort auf diese Frage schließt ein die Antwort auf die Frage, woher das Böse in die Welt kommt.

Das Problem des Bösen ist das Hauptproblem unserer Zeit. Umso mehr, als aus der Intellektualität heraus und damit aus der Unwissenheit vom Ganzen der Welt viele beginnen, das Böse für das «moderne» Gute zu halten.

Rudolf Steiner und sein soziales Werk

«Die soziale Frage ist die wichtigste
der Gegenwart.»
Rudolf Steiner, 1919

Anthroposophie als Wissenschaft ist also die Beschreibung der
übersinnlichen Welt, in das Bewußtsein gehoben durch dessen
Erweiterung. Davon wurde einiges in Grundzügen mitgeteilt.
Unendlich viel mehr liegt vor. Diese Forschungsergebnisse können
das Erkenntnisbedürfnis auf das tiefste befriedigen. Aber damit
allein wäre der Menschheit noch nicht geholfen. Denn sie steckt in
einer ungeheuren sozialen Krise, Krise des menschlichen Zusam-
menlebens. Und die soziale Frage ist die: wie können die Menschen miteinander auskommen – in den kleinsten wie in den
größten Zusammenhängen –, ohne daß dauernd Katastrophen
entstehen müssen.

In dem Abschnitt über die Methode der Anthroposophie wurde
erwähnt, daß Rudolf Steiner als ganz junger Mensch das Herauf-
kommen dieser ungeheuren Krise voraussah, aber auch das einzige
Mittel gegen ihre tödlichen Gefahren erkannte: die Anerkennung
der Einsichten in die Gesamtstruktur von Mensch und Welt mit
ihren Ergebnissen für das praktische Leben.

Wer war Rudolf Steiner?

Als Sohn eines karg besoldeten Eisenbahnangestellten im alten
Österreich am 27. Februar 1861 geboren, hatte der Knabe schon
früh übersinnliche Erlebnisse. Bald erfuhr er, daß er mit ihnen
allein stand und darüber schweigen mußte.

Bereits als Mittelschüler studierte er gründlich die großen Philosophen. Nach Eintritt in die Technische Hochschule in Wien im
Jahre 1879 erweiterte er seine Kenntnisse auf allen Wissenschafts-
gebieten, die er sein Leben lang ins Enorme steigerte.

In den Wiener Jahren verdiente Rudolf Steiner seinen Unterhalt
neben Schriftstellerei hauptsächlich durch Privatunterricht, wobei
er umfassende pädagogische und heilpädagogische Erfahrungen
sammelte.

Ein bedeutender Lehrer verschaffte dem erst Einundzwanzigjäh-rigen die Herausgabe von Goethes Naturwissenschaftlichen Schrif-ten in Kürschners Deutscher Nationalliteratur. In seinen Ausfüh-rungen findet sich deutlich der Keim zur Anthroposophie. Weitere anerkannte Schriften über Goethe und seine Weltanschauung, besonders seine Natur-Erkenntnis, führten zu einer Berufung an das Goethe- und Schillerarchiv in Weimar.

1891 doktorierte Rudolf Steiner an der Universität Rostock in Philosophie. 1894 veröffentlichte er seine grundlegende «Philo-sophie der Freiheit». 1897 ging er nach Berlin. Nach dem Appell an die Naturwissenschafter und Philosophen wandte er sich im «Magazin für Literatur» an die Intellektuellen, ohne verstanden zu werden. Das wäre eher bei den proletarischen Hörern der «Arbei-terbildungsschule» der Fall gewesen, aus der ihn aber kleinliche Parteileute verdrängten. Die Arbeit für die «Dramaturgischen Blät-ter», ein Beiblatt zum «Magazin», ergab für Rudolf Steiner die Gelegenheit, erfahrener Theaterpraktiker zu werden.

Sein «Friedrich Nietzsche, ein Kämpfer gegen seine Zeit», das erste brauchbare Buch über den einfluß- und folgenreichen Denker, brachte die Einladung, bei «Theosophen» über ihn zu sprechen. In diesen Kreisen fanden sich Menschen, die Interesse für unmittelbare Mitteilungen über die geistige Welt mitbrach-ten. Auch dort vertrat Rudolf Steiner wie überall nur seine eigene Überzeugung und nur die Ergebnisse seiner eigenen For-schung.

Er neigte von Anfang an zur Begründung einer eigenen Organi-sation dafür, die Rücksicht auf andere aber führte zur Tätigkeit im Rahmen der «Theosophischen Gesellschaft» als Generalsekretär von deren deutscher (eigentlich mitteleuropäischer) Sektion.

Seine Ablehnung von sonderbaren Umtrieben in dieser Gesell-schaft führte zum Ausschluß Rudolf Steiners und der deutschen Sektion. 1912/13 gründeten seine Schüler aus vielen Ländern die Anthroposophische Gesellschaft, der Rudolf Steiner zunächst nicht einmal als Mitglied angehörte. Weihnachten 1923 begründete er die Gesellschaft neu als Allgemeine Anthroposophische Gesell-schaft, deren Vorsitz er bis zu seinem Tode inne hatte.

Methodisch und zielbewußt, unbeeinflußbar durch äußere Ereignisse unternahm Rudolf Steiner seine menschheitspädagogische Tätigkeit als Redner und Schriftsteller, den Aufbau und Ausbau der Anthroposophie. – Von seinen etwa 70 Büchern und Broschüren seien als grundlegende Werke erwähnt: «Theosophie. Einführung in übersinnliche Welterkenntnis und Menschenbestimmung» (1904). «Wie erlangt man Erkenntnisse höherer Welten?» (1904). «Die Geheimwissenschaft im Umriß» (1910). – Die Zahl seiner Vorträge beträgt etwa 6000.

Schon 1905 veröffentlichte Rudolf Steiner eine Aufsatzreihe «Theosophie und soziale Frage», in der er das «soziale Hauptgesetz» formulierte. Sie wurde von seinen damaligen Schülern genauso wenig beachtet wie von der übrigen Welt.

Weil sich die geeigneten Mitarbeiter fanden, konnte Rudolf Steiner zuerst auf künstlerischem Gebiete praktisch zu wirken beginnen. 1910–1913 wurden in München vier Mysteriendramen aufgeführt. In ihnen hat er die Schicksale einer Gruppe von Menschen dichterisch gestaltet, die mit dem Erkenntnisweg ernst machen. Die Dramen heißen: Die Pforte der Einweihung. Die Prüfung der Seele. Der Hüter der Schwelle. Der Seelen Erwachen.

Allseitiger Wunsch, für diese Bühnendichtungen ein würdiges eigenes Haus zu haben, führte zur Errichtung jenes ersten Baues, der später Goetheanum genannt wurde. 1913 wurde in Dornach der Grundstein für dieses einzigartige Kunstwerk gelegt, das in der Hauptsache aus Holz bestand. Rudolf Steiner selber hätte schon damals Beton vorgezogen. Er war nicht nur der Architekt der kühnen Konstruktionen des Doppelkuppelbaues, er war auch sein Plastiker und Maler; war Graphiker und Kleinodiengestalter.

In allen Künsten hat er geschaffen, ausgenommen die Musik, über die er aber Bedeutungsvolles zu sagen wußte. Als Inaugurator einer neuen Sprachgestaltung und Schauspielkunst hat er Bahnbrechendes geleistet und in der Eurythmie eine neue Bewegungskunst begründet.

Übersinnliches Schauen stellt die Bewegungstendenzen fest, die beim Sprechen und Singen im ganzen Organismus veranlagt sind. Künstlerische Ausgestaltung zu sichtbaren Bewegungen führte zur Eurythmie als «einer sichtbaren Sprache oder einem sichtbaren Gesang», je nachdem sie zu Rezitation oder Instrumentalmusik stattfindet. Sie hat sich auch in der Pädagogik, in der Therapie und als Betriebseurythmie im sozialen Leben bewährt.

Durch Rudolf Steiner wurde das Goetheanum als «Freie Hochschule für Geisteswissenschaft» zu einer wahren Universitas.

Alle Wissenschaften fanden ihre Erweiterung durch seine geisteswissenschaftlichen Untersuchungen.

Was Rudolf Steiner auf so vielen Gebieten des Lebens gebracht hat, sind keine noch so genialen Gedankenkonstruktionen. Alles ist von ihm an der vollen Wirklichkeit der Welt und des Menschen wahrgenommen und daher fruchtbar und wirkungsvoll. Das erweist sich überall, wo man auch nur bescheiden versucht, es zu verwirklichen. Noch sind lange nicht alle seine Anregungen aufgegriffen worden.

Verlauf und Ausgang des Ersten Weltkrieges führten dazu, daß von einflußreichen Männern an Rudolf Steiner die Frage gestellt wurde, wie dem drohenden Chaos zu begegnen sei. Das bot ihm endlich Gelegenheit, seine Ideen über die soziale Frage, ihre Probleme und deren mögliche Lösung erst einzelnen Staatsmännern und dann der breiten Öffentlichkeit darzulegen; bis in Einzelheiten in zahlreichen Vorträgen und Diskussionen an vielen Orten, schriftlich vor allem in dem viel gelesenen Buche «Die Kernpunkte der sozialen Frage in den Lebensnotwendigkeiten der Gegenwart und der Zukunft».

Ohne jedes vorgefaßte Urteil hat sich Rudolf Steiner vom sozialen Organismus selber über dessen Lebensgesetze belehren lassen. Da diese aus Unkenntnis ständig mißachtet und verletzt werden, können die Verhältnisse in der Welt trotz einer Unsumme von gutem Willen nie zur Ruhe kommen, müssen vielmehr immer explosiver werden. – Übersinnliche Einsicht hat Rudolf Steiner gezeigt, daß das soziale Gefüge der Menschen dreifach gegliedert ist – gegliedert, nicht geteilt, denn jeder Mensch gehört allen drei Gliedern an. Dreigegliedert, weil wir Menschen dreierlei Bedürfnisse haben: leibliche, seelische und geistige.

Die leiblichen hat die Wirtschaft zu decken. – Ein seelisches Hauptbedürfnis ist das nach Sicherheit. Für Sicherheit und Ordnung im Zusammenleben der Menschen im umfassendsten Sinne haben die politischen, die rechtlich-staatlichen Einrichtungen zu sorgen. – Die Befriedigung der geistigen Bedürfnisse (Erziehung und Unterricht, Wissenschaft, Kunst, Religion, überhaupt alles Kulturelle) kann nur das Schöpferische im Menschen erbringen. Dieses geistig Schöpferische gedeiht nur in der Freiheit.

Die Freiheit ist die Grundlage des geistigen Gliedes im sozialen Organismus. Für das rechtsstaatliche Glied gilt das Gesetz der Demokratie, der Gleichberechtigung aller mündigen Staatsbürger. Aber im Geistesleben haben politische Weisungen so wenig zu suchen wie im Wirtschaftsleben. Letzteres hat als Lebensgesetz das sachkundige Zusammenwirken der an Erzeugung, Verkehr und Verbrauch von Waren Beteiligten in entsprechenden Gremien.

Geistesleben, Rechtsleben, Wirtschaftsleben sind die drei Glieder des sozialen Organismus, deren jedes ein ganz anderes Lebensgesetz hat wie das andere. Daß man sie durcheinander in den modernen Einheitsstaat zwängt, muß zu Katastrophen führen und führt täglich dazu. Ausschließlich die Anerkennung dieser durch Rudolf Steiner nicht erfundenen, aber erforschten Grundtatsachen könnte nach und nach zur Heilung des schwer kranken sozialen Organismus führen. – Eine Haupteinsicht: Patentlösungen für immer gibt es nicht; Lösungen müssen immer neu errungen werden.

Versuche, diesen Einsichten maßgebliche Geltung zu verschaffen, scheiterten an organisiertem Widerstand, mehr noch an der Verschlafenheit der Menschen in bezug auf ihre brennendsten Probleme.

Aber hervorgegangen aus jenen Versuchen, geblieben und gewachsen sind die schon erwähnten pädagogischen, medizinischen, heilpädagogischen und pharmazeutischen Institutionen, zu denen später noch die «biologisch-dynamische» Landwirtschaftsweise kam.

Wie alle Großen hat Rudolf Steiner Haß und Neid erfahren, wie alle Bringer von notwendigem Neuem Feindschaft und Verfolgung von allen Sorten der Nutznießer des Alten.

Der erste Goetheanumbau ist in der Silvesternacht 1922/23 durch Brandstiftung zerstört worden, auf das Leben von Rudolf Steiner wurden Angriffe unternommen.

Im Jahre 1924 erreichte seine Arbeitsleistung ihren Höhepunkt, aber auch die vielfach nur egoistische Inanspruchnahme seiner Kräfte durch Unzählige, bis sie am Übermaß versagten. Auch vom

Krankenlager aus unablässig schöpferisch, starb Rudolf Steiner in Dornach am 30. März 1925.

Für das zweite Goetheanum hat er noch das Modell schaffen können. Dieser Betonbau ist das Zentrum der Allgemeinen Anthroposophischen Gesellschaft, der er die Pflege der Anthroposophie anvertraut hat.

Zum Werk Rudolf Steiners

Die Werke Rudolf Steiners werden von der Rudolf Steiner Nach-laßverwaltung innerhalb der Rudolf Steiner Gesamtausgabe her-ausgegeben. Zur Orientierung über das Gesamtwerk siehe den «Gesamtkatalog» wie auch die Schrift «Eine Wegleitung durch die Rudolf Steiner Gesamtausgabe» von Wolfram Groddeck, beides im Rudolf Steiner Verlag, Dornach.

Auswahl grundlegender Werke Rudolf Steiners.

Die Philosophie der Freiheit. Grundzüge einer modernen Weltan-schauung. Seelische Beobachtungsresultate nach naturwissen-schaftlicher Methode (1894). GA 4, 14. Aufl. Dornach 1978.

Das Christentum als mystische Tatsache und die Mysterien des Altertums (1902). GA 8, 8. Aufl. Dornach 1976.

Reinkarnation und Karma – Wie Karma wirkt (1903). Aus GA 34, Einzelausgabe, Dornach 1978.

Theosophie. Einführung in übersinnliche Welterkenntnis und Menschenbestimmung (1904). GA 9, 30. Aufl. Dornach 1978.

Wie erlangt man Erkenntnisse der höheren Welten? (1904). GA 10, 22. Aufl. Dornach 1975.

Die Erziehung des Kindes vom Gesichtspunkt der Geisteswissen-schaft (1907). Aus GA 34, Einzelausgabe, 1978.

Die Geheimwissenschaft im Umriß (1910). GA 13, 29. Aufl. Dornach 1977.

Die Kernpunkte der sozialen Frage in den Lebensnotwendigkeiten der Gegenwart und Zukunft (1919). GA 23, 6. Aufl. Dornach 1976.

Mein Lebensgang (1923–1925). GA 28, 8. Aufl. Dornach 1962.

Informationen über Studien- und Ausbildungsstätten
Auskünfte über die Arbeit innerhalb der anthroposophischen
Bewegung und Gesellschaft, über Studien- und Ausbildungs- wie
Seminarkurse erteilt das Sekretariat der Freien Hochsschule für
Geisteswissenschaft am Goetheanum, CH-4143 Dornach, 061/
72 42 42. Ein «Verzeichnis anthroposophischer Ausbildungs- und
Studienstätten» ist zu beziehen durch das Sekretariat der Anthropo-
sophischen Gesellschaft in Deutschland, Zur Uhlandshöhe 10,
D-7000 Stuttgart 1.

Philosophisch-Anthroposophischer
VERLAG AM GOETHEANUM

Schriftenreihe: Geisteswissenschaftliche Vorträge

Wolfgang Greiner 1
Eleusis
Göttermythos und Einweihungsweg
40 Seiten, kart., DM 9,90 / SFr. 8,40

Athys Floride 2
Die Begegnung als Aufwacherlebnis
40 Seiten, kart.

Hermann Poppelbaum 3
Goethe als esoterischer Christ
40 Seiten, kart.

Peter Müller 4
**Das Weihnachtsfest
in der Darstellung Rudolf Steiners**
56 Seiten, kart.

Wolfgang Greiner 5
Grals-Geheimnisse
56 Seiten, kart.

Walter Holtzapfel 6
Auf dem Wege zum Hygienischen Okkultismus
44 Seiten, kart.

Peter Tradowsky 7
Von der Christus-Nähe des Kindes
30 Seiten, kart.

Udo Renzenbrink 8
Die Ernährung des Schulkindes
60 Seiten, kart.

Manfred Stauffer 9
Bodenleben und Pflanzenqualität
64 Seiten, kart.

Philosophisch-Anthroposophischer Verlag
Goetheanum CH-4143 Dornach

Taschenbuchreihe

Paul Eugen Schiller

Der anthroposophische Schulungsweg
Ein Überblick

Aus dem Inhalt: Die Erziehung zum Geist-Erkennen – Der Aufbau des anthroposophischen Schulungsweges – *Die Vorbereitung:* Studium der Geisteswissenschaft, Grundstimmungen – *Die Schulung:* Bedingungen und Gefahren, Meditationen – *Das Überschreiten der Schwelle:* Die Einweihung, Der christliche Einweihungsweg, Der Einweihungsweg der Gegenwart – *Die Geistes-Wissenschaft* – Quellenverzeichnis.
152 Seiten, kartoniert (TB 1)

Rudolf Grosse

Rat und Tat für die Erziehung

Aus dem Inhalt: Die Anthroposophie als Impuls der Pädagogik – Die Orthographie der Schulkinder – Die Ermüdungserscheinungen bei den Schülern und ihre Ursachen – Die Temperamentskräfte und die Wirkung des Zuckers – Über die zahnbildenden Kräfte und die Physiognomie des Denkens – Mensch und Beruf.
160 Seiten, kartoniert (TB 5)

Georg Hartmann

Bewußtseinswege
Bilder aus der Geistesgeschichte der Menschheit in älteren Kulturperioden

Aus dem Inhalt: Gedenktage im Jahreslauf – Hundert Jahre – Vom großen Pan – Über das Palladium – Archimedes – Alesia – Nordische Runensteine – Anselm von Canterbury – Johannes Tauler – Nikolaus Cusanus und das Michael-Mysterium – Vom Globusspiel – Hieronymus Bosch, ein Maler des Unter- und Übersinnlichen – Die Weissagungen des Trithem von Sponheim – Literaturhinweise.
204 Seiten, mit Abbildungen, kartoniert (TB 3)